내게 속 따뜻한 겨울을

생각하며

김소희

비커가 있는 오후

시산맥 시혼시인선 017

시산맥 시혼시인선 017
비커가 있는 오후

초판 1쇄 발행 | 2022년 1월 3일

지 은 이 | 김소희
펴 낸 이 | 문정영
펴 낸 곳 | 시산맥사
편집위원 | 전철희 한용국
등록번호 | 제300-2013-12호
등록일자 | 2009년 4월 15일
주　　소 | 03131 서울특별시 종로구 율곡로 6길 36,
　　　　　월드오피스텔 1102호
전　　화 | 02-764-8722, 010-8894-8722
전자우편 | poemmtss@hanmail.net
시산맥카페 | http://cafe.daum.net/poemmtss

ISBN 979-11-6243-267-9 (03810)

값 10,000원

* 이 책은 전부 또는 일부 내용을 재사용하려면 반드시 저작권자와 시산맥사의 동의를 받아야 합니다.

* 이 시집은 교보문고와 연계하여 전자책으로도 발간되었습니다.

비커가 있는 오후

김소희 시집

* 저자의 의도에 따라 작품의 보조 동사와 합성 명사는 띄어쓰기가 달라질 수 있습니다.

* 본문 페이지에서 한 연이 첫 번째 행에서 시작될 때에는 〈 표기를 합니다.

시인의 말

가끔 불투명한 것들이
오후의 한쪽으로 기울어진다
하얀 종이 위에
부드럽게 문드러져 작아지는
시를 바라본다

정면으로 열리지 않는 슬픔은
유난히 차고 투명하다

2021년 12월
김소희

차례

1부 보이지 않는 슬픔의 *ml*

페타치즈 리뷰 _ 018
파양 고양이 _ 020
녹지 않는 요구르트 _ 022
비커가 있는 오후 _ 024
머플러가 되어줘 _ 026
흔들림에 관하여 _ 028
정글 트리 _ 030
숨소리에 말 걸기 _ 032
여름 숲, 유리병자리 _ 034
6피트 아래 _ 036
한 사람이 있는 언덕 _ 038
눈 내린 다음날 _ 040
꿈의 전개도 _ 042

2부 너는 좋아요를 누른다

새로 자란 숲 _ 046

흰 코끼리 같은 언덕 _ 048

종이칼 설명서 _ 050

아득한 야키마 _ 052

산수유의 True and False _ 054

오랫동안, 프리다 칼로 _ 056

너는 좋아요를 누른다 _ 058

백반증 _ 060

이대로 이끼 _ 062

트루먼 쇼 _ 064

잠긴 _ 066

한여름의 피아니스트 _ 068

기도 아닌 것이 기도할 때 _ 070

새로 나온 햇살이어서 좋다 _ 072

3부 엎질러져 어딘가로 가려할 때

요일이 없는 아이들 _ 076

두루마리 _ 078

오늘의 사과나무 _ 080

책상자리 _ 082

크리스티나의 세계 _ 084

우산주의보 _ 086

홀로 선 이에게 _ 088

찻물을 붓는 동안 _ 090

유전의 힘 _ 092

새빨간, 밤 _ 094

타워 크레인 _ 096

따뜻한 시 _ 098

헤드라인 _ 100

4부   정면으로는 슬픔이 열리지 않는다

슬라이딩 도어 _ 104
비뚤어지는 일만 상상해요 _ 105
수도원 _ 106
카모플라쥬 _ 108
장난감 자동차와 성자 _ 110
네가 알고 있는 나에게 _ 112
만화경을 들여다보는 법 _ 114
투명한 생일 _ 116
자갈 자장가 _ 118
패딩과 흰 당나귀 _ 120
분홍 분홍 번져가는 그런 꽃 _ 122
따뜻한 물주머니 _ 124

■ 해설 | 양균원(시인, 대진대 영문과 교수) _ 126

1부

보이지 않는 슬픔의 *ml*

페타치즈 리뷰

잠을 자는 일부터 시작한다

덤불 속에 염소가 살지 않는 걸 안다

잡히지 않는 물컹거리는 것들은 따뜻한 입김을 찾아 나선다

내가 있는 어디든 직진한다던 울음소리

얼마간의 행복이 필요했어

눈이 어두운 나는 매번 넘어지면서 잠에 빠져든다

밤마다 그 울음이 잠 속의 나를 흠집 낸다

차가운 우유 속, 유서 깊은 구멍에서 속울음이 들린다

덤불 속으로 가게 해주세요

〈
시간을 거슬러 부드러운 냅킨이 나에게 닿아도

짜디짠 틈새가 자꾸 터져나간다

파양 고양이

어둠이 웅크린 나를 까맣게 칠하고 있었어요

한 사람을 묶어두려 했던 것을 후회하며
버려진 기분이 들 때마다
브루클린 골목으로 낮게 뒷걸음질 쳤지요

눈망울 가득 발톱을 매단 그 세상에는
온통 스스로 걸어 들어간 목줄로 가득했어요

몸을 삼키는 어둠의 길이만큼
허드슨강 주위로 굴레를 가진 이름들이 똬리를 틀 었어요

나의 하루는 얼마나 많은 눈물의 대가일까요

신 포도가 자라도록
고픔을 내버려 두지 못한 검은 비닐봉지
자동차의 발랄한 비명은 차라리 아름다운 칼날이 었어요

〈
한낮에는 새 신발에 종종거린 부은 발등 위로
하얀 이름을 혼자 지어야 했지요

내 이름이 차가운 목덜미에서 팔랑거려요
절룩거리는 날들 사이로 이국의 햇빛이 쏟아져요

녹지 않는 요구르트

보이지 않는 슬픔의 ml
나의 목구멍에서 천천히 유영하고 있다

부록처럼 떨어져 나간 기억을 꺼내놓으면
얼었던 냄새들이 스멀스멀 올라온다

냉동고에서 잠든 양의 얼굴
모든 시간은 순하고 달콤하다

단단해지면 투명해져서 더는 감출 수 없는 것들

플러그를 빼자
전시된 눈물이 녹아내리고 붙어 있던 속눈썹이
해변으로 밀려간다

머리끝까지 끌고 올라오는 물은
작은 죄에도 쉽게 넘어진다

물고기의 뭉개진 비늘들

녹슨 전깃줄
냉동고에 흘러넘치는 쓰디쓴 맛

열 개의 레시피를 생각해내자 더 줄줄이 흘러내린다

여기서는
비가 오지 않으면 무지개를 만날 수 없나요
불투명함은 차가워질 수 없나요

머릿속, 녹는 슬픔이 두려워진다

비커가 있는 오후

폭설 다음에 오는 공백
숨쉬기 힘든 사람들이 생겨납니다
투명함을 끝없이 모아놓은 것처럼
진열대 위에는 비커들만 가득합니다
식기세척기 안에 흔히 보이는 유리컵이라고
계산서에 적혀 있습니다

아무도 찾아오지 않는 일요일
비커 안에 적막을 넣고 흔들어봅니다
고개 숙여도 흘러내리지 않던
눈물의 결정이 용해되기를 기다리며
가파른 오후는 눈금 따라 기울어집니다

처음부터 투명한 것을 싫어한 사람은
남아 있는 커튼을
비커 안에 구겨 넣습니다
창 너머에는 깨질 듯이 맑은 하늘이 있고
흰 구름을 두른 어떤 사람과
자꾸 흐려지는 마음의 순도에 대해 말합니다

〈

나는 햇볕 잘 드는 창가에 앉아
비커 속 따뜻한 겨울을 들여다봅니다
잔가지의 껍질을 뚫고 들어와
마음의 진열장에 섬세하게 내려앉는 빛과
오랜 균열에서 시리게 반사되는 기억들

더 올 거라던 눈은 내리지 않습니다

머플러가 되어줘

극장 밖, 거리는 겨울밤으로 깊어가고 있었다
춥지? 물으며
머플러를 목에 둘러주면 전부를 받은 거 같았다

그날 이후
늦가을 잎이 바닥에 내려앉을 때부터 신앙처럼 머플러를 붙들어 매고 다녔다

위로를 받는다는 건 다리 하나가 부서진 의자 위에 앉아 있는 일 따뜻함을 믿지 않는 사람들은 답답한 걸 싫어한다며 휜 목을 숨겼다

울퉁불퉁한 기침과 움츠린 목으로 바라보는 창밖
멋대로 흩날리는 싸락눈 속
바람에 다 내주고도 시리다고 말하지 않는
겨울나무의 마른 목덜미, 바람에 끌려다니다
갇힌 나비연

나비야

*볕이 잘 드는 언덕으로 너를 데려다줄 게
나에게로 와서
머플러가 되어줘*

오래도록
아무도 노랑을 수혈받은 목을 보지 못했다

춥지? 물었다

흔들림에 관하여

처음 보는 곳으로 갑니다

평평함을 좋아하는 당신은
딱딱해진 내 눈빛을 빤히 쳐다봅니다

여긴 걷기도 힘든데
속까지 파 내려가면 끝을 알 수 있을까

흔들림에 관한 이야기입니다

돌에 맞아 죽은 사람이 노래하고 있어
붕괴를 피하기 위해선 문을 잠가야 해

전기 없이도 몸에 숨겨둔 발전기로
긴 오후와 작은 골방은
허물어진 뒤에 밝게 진화한다고 말합니다

지진을 모르는 우린
이머전시 키트 속의 후레쉬와 모종삽 하나로

서로의 마음을 알려고 자꾸 뒤집힙니다

뒤틀려 가면서도 포개지는 동그라미 속 교집합

아침이 오면
균열을 식탁 위에 올려놓고
눈부신 평온을 꺼내 보여줄 거야
흔들림이 휩쓸고 간 뒤에도
동그라미 안의 나무는 자라고 있을 거야

우리는 완전한 구球 안에 있었습니다
처음부터 다른 모형은 동그랗게 말았습니다

정글 트리

구름이 느린 속도로 걷는 동안 여름은 지루하다
폭죽을 가졌지만 한입에 삼킨 적 없고
타들어 갔지만 소리 내어 공기를 읽어본 적 없다

그들이 준 체크*로 하루하루가 옅어져 간다
여름 숲에는 버섯들이 뱀처럼 부쩍 자라나고
향기로워지기 전에
나이프가 먼저 식탁에 앉는다

덜 익은 채소를 자르기 전에 성경을 발간해볼까요

찢겨진 식빵 위에서
허물 벗겨진 새순이 꿈틀거린다
우리가 아는 것들 속에는 진짜는 숨소리밖에 없다

꼬리를 감추려 하는 구름을 뒤로하고
천장은 빗소리를 열어준다
돌아가고 싶은 사람들은
새로운 것은 좋은 거라고 소리 내어 읽는다

〈

 구름은 구름의 얼굴을 갖기 전까지 아무것도 다정해지지 않는다

  * 미국 정부가 팬데믹(Pandemic) 때 지급한 1,200불 체크

숨소리에 말 걸기

사이를 드나드는 소리

낯선 새에게로 고개를 길게 내민다
열려진 유리문
어떤 설움이 내 안으로 날아든다

걸려 넘어지는 숨소리에 말 걸기

꿈꾸지 못해 퍼덕이는 날개는
어떤 무늬도 만들지 못한다

다음날도 새를 힘겹게 돌려보내고
닫히지 않는 나와 주위를 떠도는 날개 사이
조금씩 붙였다 떼었다를 반복하며
새의 기분을 헤아려본다

말을 트고 싶은 우리에게
손짓처럼 멀어지는
어쩌면 우리의 말은 날갯짓이었는지 모른다

배경 화면처럼 서로를 만질 수 없는

품고 있던 침묵이 유리에 미끄러져도
새의 부리는 깨진 말을 물고 있다

소리 없이 하늘 틈새를 채우는 구름
한번은 하얀빛으로
한번은 푸른빛으로

그건, 우는 방식을 이해한다는 말 같다

여름 숲, 유리병자리

들판에 유리병을 들고 서 있었다

맑은 구름의 얼굴로 내 손을 만지작거리면
다가올 여름에 나는 눈을 뜰 수 없었다

자고 또 자도 여름날은 계속되었다

리오그란데 밸리는 죽은 듯 평온해 보였고
안에선 어떤 일이 일어나는지 우리는 설명할 수 없었다
점점 짙어져 가는 초록의 단면에는
초대한 적 없는 가시 풀이 자랐고 그늘은 깊어져 갔다
숨을 곳이 필요한 어항 속 물고기
나는 끝없이 가라앉았고
그도 조금씩 지쳐갔다

여름 숲,
창가에 놓여 있는 오래된 투명을 바라보았다

허락도 없이 자막이 사라진 영화 속
어디로도 갈 수 없는 우리는
유리병 안, 정지된 화면이 깨질까 봐 서로를 끌어안았다
리오그란데 밸리는 비가 되지 못한 구름으로 가득했다

초원의 빛이여[*]
투명한 유리병 속 여름
밤 구름에 가려져 어딘가에서 먼저 잠이 든 별

소멸되었다 말하는 순간
그가 없는 여름 숲이 반짝였다

* 윌리엄 워즈워스 시에서 빌려옴

6피트 아래

얼굴을 벗은 지 언제인지 알 수 없다 변화했던 거리가 마스크 안으로 숨어 들어가자 거위 족속이 배회한다 조용히 햇빛을 빨아먹는 사람들 6피트 간격을 알리는 사이렌에 영혼을 잠시 내려놓는다

건물 사이에서 바이러스가 살을 찌운다 언제 물어뜯길지 모르는 한 귀퉁이, 식당 안에는 무엇이 자라는지 모르고 'NO DINING IN' 싸인을 입안에 집어삼킨다 그 안이 더 밝아 보인다

가만히 있으라는 명령을 밀어내고 싶은 사람들이 낮에도 꿈을 꾼다 여름에 신은 털 장화와 겨울을 버틸 슬리퍼, 티브이 속 중대 발표가 걸어 나온다 공범처럼 다시 나쁜 꿈 안으로 우리를 끌고 간다 남의 꿈을 꾸는 사피엔스

6피트 아래*라고 쓴 피켓으로 무장한 사람들이 오로라 거리에 서 있다 취급 주의 표시인 듯 검은 점으로 멀어지는 얼굴들, 살아내자고 한다

* Six Feet Under : 팬데믹 기간 중 6피트 거리 두기, 관의 길이가 6피트여서 죽음을 상징하기도 함

한 사람이 있는 언덕

가슴의 돌처럼 한 사람을 얹어놓고 언덕을 올라가고 있다 슬쩍 부딪쳐도 빠져드는 너는 우물 속 같다

100일 동안 비는 내리지 않고 마트에는 물을 사려는 사람들로 붐볐다 바닥에 물을 주지 말라는 방송이 계속되자 코끝에는 익은 돌 냄새가 난다

가뭄이 고독이었다는 걸 알게 되자 꽃들은 다시는 피지 않을 얼굴로 시들어간다 마른 우물 속에 돌을 넣고 물을 준다 너의 궤도를 떠나지 못하는 침례 받은 돌, 체온은 우물처럼 차갑다

우리가 우물을 다 퍼 쓰고도 살리고자 애쓴 그런 칠흑 같은 언덕, 진흙으로 걸어 나오는 너를 별처럼 끌어안고 위태롭게 깊어진다

돌이 자라고 자라서 결국 별이 되어도 오로라를 보기 위해선 자각몽을 앓으며 불완전한 몸으로 태어나야 한다는데

〈
아무것도 되지 못한 돌, 까맣게 누워 있다

눈 내린 다음 날

방 안에만 가득한 크리스마스
눈사람이 되기 전에 녹아버린 눈을 바라보며
선물 상자를 준비한다

눈처럼 그 마음 안으로 내 마음이 녹아들기를
기도하면서
한 번도 마음을
상자 안에 담아본 적 없음을 고백한다

새는
날개를 달래준 바람을 잊어버린 채
긴 언덕으로 날아가고
바람은
낮 동안의 새의 날개에 베인 흔적을 지우려
나무의 품 깊이 숨어든다

창밖
누군가 흰 눈처럼 허물어지는 것을 들여다보며
겨울 놀이터에서 홀로 꿈꾸는 그네처럼

그림자만 길게 남은 오후
화려한 포장지 곁
기다림에 지친 선물 상자의 텅 빈 기억

다시 겨울이 오고
누군가 마음속 깊은 발자국을 남기며
눈을 가로질러 왔다고 말하면
더는 밖에 세워두지 않겠다

꿈의 전개도

 들여다본다 더 깊이 들어가려 하자 검은 벨벳 스커트가 제지한다 스크린이 켜지고 한 여자의 이름이 번쩍인다 낯선 이름은 입안에 넣어도 아무 소리 나지 않는다 먼지 덮인 스커트에 끌려 다닌 시간을 생각한다 검게 식은 찻잔 옆으로 생일 초가 잔별처럼 떠 있다 위층으로 올라가는 좁은 계단은 밟을 때마다 삐걱거리는 소리가 공중에서 증식된다 증식된 소리 틈새로 느껴지는 눈길, 침대에 반듯이 누워 잠든 여자의 얼굴, 너는 꿈을 이어가려고 필사적으로 눈을 감고 있다 꿈 안에서 꿈을 만지려 손을 바깥으로 내민다 짙은 먼지 가득한 손을 클로즈업한다 손바닥 위에 쓰인 이름, 이름을 알아내려 하자 이름은 시선을 뿌리치며 지워져 간다 감은 눈이 퉁퉁 부어 있다

 처음이다 너는 밖으로 나오려고 안간힘을 쓴다 침대는 너를 도와주지 않는다 아무리 털어도 그늘처럼 깊어지는 환영, 밖에선 너를 낯선 이름으로 부른다 깨어나지 않은 이름이 동굴 밖으로 별처럼 날아오른다

2부

너는 좋아요를 누른다

새로 자란 숲

타들어 갔지만, 소리 내어본 적 없는 하루로 가득했다 누군가 계속 연필로 그리라고 지시하는 것 같았다

시멘트 속에서 한 번도 걸어 나와본 적 없는 신발 자국 불쑥 나타나 어지럽히는 것들을 피해 도망쳐온 것 같았다

터트려본 적 없는 폭죽을 서랍에 넣는 마지막 장면에서 오래전에 죽은 시간과 숲을 함께 그리기 힘들었다

나뭇잎이 떨어져도 새순이 나오듯
비에 젖은 몸을 옷에서 분리해도
몸은 젖어 있고, 잎은 자꾸 돋아나와
마음을 들키곤 했다

새로 자란 나무는 심지를 잘라내야 다른 숲으로 스케치되었다

〈

    누군가의 제자리걸음 소리를 나무 귀로 듣는 숲이 있었다

흰 코끼리 같은 언덕*

아픈 냄새를 닦아내는 흰 코끼리가 있었다

창밖 재구름을 모두 베어버려
반짝이는 언덕 어디에도 거짓은 없는 줄 알았다

나를 벗은 옷이 생각을 걸어놓은 좁은 방
옷은 주머니 속, 아픈 것을 넣어두고 잊었다

눈을 다른 곳으로 돌려도 마음은 쓰였다

언제부터 바람을 빼내야 오래 걸을 수 있다고 믿은 걸까
공터가 필요한 나는 하얀 모래 언덕으로 향하고
후회는 예고도 없이 머리까지 차올랐다

흰 코끼리 등에 싣고 온 것들로 평평한 타이어를 만들었다
진실은 굴러가고 거짓은 자꾸 주저앉았다
⟨

여전히 웅성거림은 집요하게 쫓아왔고
초조한 나는 손을 뻗어
필요한 이야기만을 담아 자리를 떴다

당신이 거기에 없어도
당신이 거기에 있어도
흰색이 자꾸 빠져나가는
흔들리는 거짓말 언덕

굴러갈 때마다 나는 당신을 외면하곤 했다

* 헤밍웨이 소설에서 제목 빌려옴

종이칼 설명서

칼의 용도를 잃어버렸어

설명서의 구겨진 모퉁이를 펴가며 머릿속으로 종이를 접어요 불 꺼진 복도에서 자라나는 넝쿨이 나의 손을 결박해요 몇 달 동안 붙잡고 있던 얼굴을 떠올리며 접을 거예요 긴 복도 끝에는 흰 들판이 펼쳐질까요

고요를 믿지 마

하나씩 완성되면서 모르는 사람이 되어 가요 자괴감에 빠져 잠 못 이루는 밤, 그림자 속에 서 있는 나무는 순종적이에요 내가 아는 나무지요 꽃은 보이지 않는데 흰나비 떼가 종이처럼 뿌려져요

불러도 뒤돌아보지 마

풀칠한 흰 나비들이 별처럼 반짝여요 흐느적거리는 나뭇가지들이 뚝뚝 잘리는 상상을 하다가 칼을 놓쳤

어요 나의 이마가 들판처럼 하얘져요 들이밀었던 안쪽 칼날들, 상처가 아물면 다시 종이가 될 수 있을까요

낯선 방식으로 돌아난 새살이 흰 들판 같아요

아득한 야키마

해 구름으로 불이 켜지는 야키마*

손가락 사이에서 밀이 밤낮없이 허물어지는
그녀들의 신전

태양신을 숭배하는 그녀들은
쇼윈도 속, 밀꽃 색 드레스를 날마다 포개 입었지

그 길은 일직선이어서 어긋나는 법이 없다고 생각할 때
우산을 펴 가린 것은
태양이 아니라 타들어 가는 마음

이미 평평해진 발굽으로
수없이 올라간 꼭대기에 깃발 하나 세우지 못하고

미끄러지는 마지막 순간에도
긴 머리 늘어뜨려 다다르면
수선된 드레스를 갖게 된다는

아주 오래된 이야기

별을 휘저어 놓은 하늘 밖은 다른 밖으로 이어져
풀풀 흰 가루 날리는 얼굴들로 지워지는 야키마

그녀들은 천천히 사라지고 말 것들만 사랑하고 있
었지

* 미국 내 75%를 차지하는 밀 생산지

산수유의 True and False

발아를 기다리는 씨앗 이야기

구름의 심장에서 젖은 발로 잠이 든다
몸 어딘가에서 밤낮없이 쏘아 올려지는
속이 빈 꼬투리

빈 소설은 비극으로 읽힌다

물에 잠겨 있는 인화지 속
조금씩 선명해지는 산수유나무
아픈 가지를 쓰다듬으며
아무도 믿지 않는 이야기를 시작한다

한철 미련 없이 보낸
산수유꽃 노란 꿈에는 푸른 살이 차오르고
쉴 새 없이 진실은 도드라진다

허술한 꽃 뒤에
거짓말처럼 커가는 붉은 열매

꽃은 졌는데 꽃이라 불리는
색을 바꾼 산수유가 거짓처럼 느껴진다

오랫동안, 프리다 칼로

> 이 외출이 행복하기를
> 그리고 다시는 돌아오지 않기를 「프리다 칼로」

분명 사막이었다
발이 푹푹 빠질수록 몸을 꼿꼿이 세웠지만 점점 가라앉고 있었다

감시하던 새가 잠든 사이
비로소 눈을 감고 노래를 불렀다
노래는 이어지지만 가사와 멜로디는
입을 떠나자 곧장 서로의 손을 놓고 흩어졌다
사막은 생각보다 견딜 만했다

무수한 별들이 모래 위로 추락하는 밤
타들어 가면서도 향기를 내뿜는 꽃의 마음을 이해했다
자책할 때마다
하나씩 박아왔던 못들이
몸을 간판처럼 걸어놓았다

익숙해졌다고 되뇌며

입꼬리를 올려도 얼굴엔 자꾸 실금이 갔다
누군가 뒤에서 웃고 있는 것 같았다

목마른 가지는 주변의 살갗을 구원하지 않았다

다시는 돌아오지 않기만을 원했다

너는 '좋아요'를 누른다

뉴스에 나온 얼굴이 종일 너를 끌고 다닌다
방문을 열며, 누군가
보이는 대로 믿으라는 말은 신조어가 아니라고 일러준다

아침 폭우로 찢어진 거미줄
필터를 손바닥으로 가린 사람들이 있다

'좋아요'를 누르면 마음이 놓이는 걸까

클렌징폼으로 얼굴을 씻는 동안
덤으로 받은 쿠폰처럼 평온한 저녁은 반복되고
애써 밝아지는 것만 배운 너는
'좋아요'를 누른다

밝아지는 것이 너를 나아가게 했을까
비 온 뒤에 출몰하는 거미들은 어느 구석을 눌렀을까
〈
·

아픈 냄새가 나는 더운 여름 방에서
너는 '좋아요'를 누른다

손가락에서 중력이 사라지면
어디에도 없는 꿈이 시작될까?

백반증*

오랫동안 몸속에 잠들어 있던 엑스레이 속 하얀 솜
욕조 앞, 거울에 반사된 태양이
얼굴에서 네모로 출렁입니다

어디서부터 시작된 오래된 기억입니까

가라앉은 것에는 영혼이 없다고 단정하는 얼굴들

뿌리 뽑힌 수초들이 머리카락이 되어도
제대로 흘러가는 방향을 배우고 싶어

한 곳으로만 열리는 약속의 몸으로 태어난 한 사람

멀어짐으로 사라짐을 증명하고픈 마음

프리마켓에서 건진 프릴 드레스를 입고
긴 잠에서 깨어 건너왔을 때
밤이 다신 오지 않을 거라는 믿음만으로
한철, 무섭게 그을렸던

하얀 살점이 허물어집니다

살아 있는 것이 거추장스러운 밤
우린 여전히 아름다운 얼굴입니까
결말 전에
리본에 묶인 결말을 풀어봅니다

* 오딜리아 그림에서 이미지 가져옴

이대로 이끼

누군가의 바닥이 깊어서, 고여
볕이 들지 않아도
파랗게 견디는 곳으로 사위어간다

다 쓰러져가는 오후의 햇살을 덮고
너의 등에서 자라는 거짓 희망

고요한 것도 고요를 이겨낸 것도 아닌
겨울잠에 빠져든 밤처럼
어두운 배역에 떨고 있는 너를 바라보며
생각의 밑동에 이별을 걸어놓는다

내 것이 아닌 것을 가지겠다고
잠복 중인 환상통을 깨운 것일까

생각의 우듬지를 건너가는 너를
꽃처럼 알록달록하게 붙잡는다

이른 소멸에 빠져든 것도 모른 채

이대로 눅눅히 번지는 풍경

트루먼 쇼[*]

물으면 구름구름 하면서 대답하지 않아
의자라고 말하면 의자가 오고 앵무새 하면 앵무새가 오는 게 진짜 같지가 않아

이따금 공원 한가운데 눈 감고 있었어

눈을 뜨니 여름은 사라지고 초조한 버스는
막바지 휴가를 떠나려는 사람들을 어디론가 데려가려고 해

누군가 다급하게
사방에 있는 카메라가 나를 지켜본다고 말했지

상영 중인 일상에서 나오려 하자
모두 문이 닫히기만을 기다렸어

몇 번째 여름이 지나야 새장 속 하늘은 파랗게 열릴까
〈

문 하나 그렸더니 덜그럭거리기 시작했지
아무도 없는 공간, 눈이 내리고 있었어

사냥개가 이끄는 썰매 위에 올라타 바깥을 향해 달릴 거야
문밖은 뒤죽박죽이어도 분명 거짓 여름은 아니겠지

몇 번째 여름이야 물으면 답답해지고
목줄 자국이 따끔거려
내가 알아차렸을 때 목숨줄을 잡고 있는 여름을 보았어

이제 철 지난 휴가를 떠나려고 해
진짜 목에서 빠져나온 소리를 들은 것인지
방향을 잃은 여름이 여전히 묻고 있었어, 몇 번째인지

* 트루먼 쇼(The Truman Show) : 1998년 미국 영화

잠긴

　회색 화장실* 밖에선 게임기의 기계음이 새어 들어왔다 그 소리는 타일에 낀 곰팡이처럼 부풀어 오른 소년의 발가락들을 통과하여 마른 몸 구석구석을 구멍 내고 있었다

　낡은 변기 옆 거울 앞에 소년이 섰다 흐릿한 거울 속에 누런 눈물 자국 같은 주름을 가진 노인이 소년을 바라보고 있었다 그는 딱딱 부러질 듯한 손가락으로 검은 뼈를 꺼내 벽을 치고 있었다

　잠긴 문이 열렸고 태양 빛에 반사된 엄마의 모습이 소년의 고픈 목구멍을 할퀴며 확 다가왔다 괴사가 시작된 몸에선 버려진 화단에 핀 맨드라미꽃 냄새가 났다

　늘 그랬듯이 소년은 호주머니를 더듬거렸다 버려진 자동차 바퀴 하나와 낡은 크레파스가 작은 손을 핥아주고 있었다 마지막 남은 온 힘을 모아 소년의 귀가 말을 토해냈다

〈

이제 용감해졌어
바퀴를 몸속에 집어넣어 볼 테야

 피 묻은 심장을 이식받은 바퀴는 끈적한 바닥에 튕겨 잠긴 문을 뚫고 소년을 기억하는 놀이터를 통과하여 녹색 하늘 정원을 소년과 함께 날고 있었다

 죽지 못하는 사람만이 지상에 있었고
 그날 꽃비가 내렸다는 것을 아무도 몰랐다

* 회색 화장실 : 평택 아동 암매장 사건 일명 원영이 사건이라 함

한여름의 피아니스트

여름이 떠내려갈까 봐 울고 있어
장화를 꺼내 신으면 흘러내리지 않을 것 같아
비 오는 신발장을 열어 보고 있어

젖은 머리칼에서 무거운 울음들이 쏟아져 나올 때
투명우산이 꺼내주는 눈부신 하늘 같은 흰 건반을
보고 있어

방금 피아노 앞에 서 있기 시작한 사람처럼
파란 구름의 얼굴로 잘 지내려고 해

이 행성은 밤에서 다시 밤으로 이어지고
갇혀 있던 목소리는 기도처럼 아득해져
모두가 뒤숭숭한 질문으로 돌아보아도

이번 여름이 끝나가려고 하나 봐
웃으며 다음 악장을 생각할 거야

당분간은 말하지 않을 거야

빈 건반을 두드리며 기다리려고 해

여름이 코드로 겹겹이 쌓일 때까지

기도 아닌 것이 기도할 때

시끄러운 음악이 극장을 부풀어 오르게 합니다
불은 꺼졌는데 커튼콜은 시작되고
각기 다른 생각으로 평온합니다

무대 뒤로 난 샛길을 겨울나무가 가리고 있어
이곳에 왜 나무가 있는지 생각하느라 출구를 잃어 버립니다
순례자의 모습을 한 사람이
분홍신 모양의 등불을 들고 나타납니다

제대로 걷는 법을 배우고 싶어요

어깨 뒤로 올라오는 말풍선을 읽고
표정이 아닌 것에서 표정이 완성되는 것처럼

기도 아닌 것을 기도할 때
비밀이 자꾸 튀어나오려 합니다

"너의 발밑을 파, 그곳에 보물이 있어"*

〈
모음과 자음이 섞여 있는 비밀들

한 사람이 가장 먼 곳까지 걸어왔다고 말하기 위해
가는 길목에서
겨울나무 가지를 꺾어 마음을 데우고

* 그림형제

새로 나온 햇살이어서 좋다

통보 없이도 가버린 마음은 느낄 수 있었다
사람들은 다가올 햇살과 빠른 걸음에 관해 이야기하고
데상브르* 거리 위에 서 있는 나는
두고온 것이 무엇일까를 생각했다

몇 번의 출발지와 도착지를 거쳐 온 버스
차창 밖으로 하얀 눈은 흩날리고
누군가의 좌석 밑 장갑 한 짝을 바라보며
버리고온 것은 어쩔 수 없다고 생각했다

잘 들어갔냐고 아무도 묻지 않는 밤
모든 것을 알고도 조용히 덮어버리는 흰 눈

원래부터 따뜻한 장갑 속에 있던 것처럼
나는 하얀 이불 속에 누워 있었다

성에 낀 창에 들어 있는 새벽
애써 물 주지 않아도 피어나는

한 송이 붉은 꽃 같은 첫 햇살

창을 열어도 도시는 아무 일도 일어나지 않았다

* 제네바에 있는 거리, 12월 31일이라는 뜻

3부

엎질러져 어딘가로 가려할 때

요일이 없는 아이들

바다로 쓸려온 아이들
몸 하나 가누지 못하는 파도에 지탱하고 있어

처음부터 장벽 같은 건 있지도 않았던 바다에
죽은 척하는 법을 먼저 배운 아이들

먼지 날리는 길가, 빈 깡통을 두드리며 부르는
검은 노랫소리
차창 밖으로 동전이 빛나는 영혼처럼 던져지지

허기에 꿈마저 다 파먹은 아이들
맨발을 옮길 때마다 딸랑거리는 영혼에게
어디서 길이 끝나는지 아무도 알려주지 않아

꼼짝없이 묶여 있던 여름도 붉은 꽃을 피우지

버리고 나온 땅처럼 무너진 얼굴로 가득 찬 국경에
태어나지도 못한 아이들
〈

모르는 꽃에 함부로 색을 칠하듯
아무 꽃말이나 지어 붙이고

아무도 관심 없는 진짜 이름 대신
가벼운 눈으로 무거운 이름을 붙이곤 하지

걸어보지도 못한 신발의 주인과
맨발의 흙길은 어디서 끝나는지

요일이 없는 아이들
어디에서 젖은 발을 만지게 될까

두루마리

언제부터 쌓아둔 책이었을까요
처음 보는 행간인 듯 월마트의 선반이 텅 비어 있지요

글자가 펼쳐지기를 원하는 나는
새하얀 백지를 믿으며 달려가는 상상을 합니다
기억 속 두루마리는 발을 내려놓지 못하게 자꾸 굴러가지요

밖을 모르는 우린, 여전히 아름다운 겨울 숲
바이러스에 갇혀 있던 얼굴을 문밖에 내겁니다
저녁이 되면 천장처럼 무거워진 하늘
집집마다 자꾸 멀어지는 두루마리의 거리
무성한 소문은 팔을 쭉 뻗어도 잡히지 않지요

빛을 통해 보이는 창문이 백지 같아요
나는 내가 만든 통로를 따라 걷습니다
불안이 밝음을 잠식시키지 않게
주저앉고 싶은 마음도 함께 걷지요

〈
모르는 글자로 가득한 이곳
나는 당신 없는 꿈을 꾸며 잠들고
두려움의 글자로 채워지는 두루마리
집 안에 가득합니다

오늘의 사과나무

바람 없는 강 옆으로 나무들이 다가서는 꿈

온 힘을 다해 완성하고픈 여름날
나는 꿈은 반대라는 현실로 들어가고 있었고
남의 것을 탐한 것처럼

잘못했어요

용서를 구한다

마음이 꾸며낸 시간들
정면으로 향해 있던 나무에 매끈한 얼굴 하나
하얀 씨처럼 가까워지면

바람 불고 비 내리는 강으로 돌아가
결말도 없이 계속되는 영화처럼
내일이 오늘인 것처럼

비릿한 냄새

떨어진 열매만을 그물 안에 가두고
허락도 없이 이름 하나 켜놓고
곁에 없는 것만 숭배하는지

아린 강물을 마시며 남의 땅에 자란 나무 한 그루
주름 가득한 손에 움켜진 풋사귀

잔가지가 시들지 않는 중이었다

책상자리

책상 위를 떠돌던 내 숨소리가
때때로 별 한가운데서 반짝거린다

늘 모자를 눌러쓴 탓인지
지원서에 붙은 사진은 젖은 낙엽처럼 그늘져 있다

몇 명이나 자신의 그림자를 뽑아 사다리를 만들고
별을 하늘에 내걸었는지 모르지만 지금은 발끝에
귤 봉지만 늘어져 있다

그녀가 내 별을 떠났다
아물지 않은 상처처럼 열린 창, 별빛이 울고 있다

별을 지우려 불을 켠다
카운트다운이 시작된 도시
대기 중인 나의 별은 자꾸 발사가 지연된다

그럴 때마다 삐걱 이는 서랍을 열어
완강한 아픔들을 하나씩 내다 버린다

내가 탑승하지 못한 채 발사되는 창가에
그녀가 앉아 있다

아침 해가 잠깐 지나간 방 안은
발사가 취소된 우주선의 대합실처럼 무겁다
나는 다시 수신기를 켜고
별자리 지도를 챙긴다

현실의 중력을 벗어나려면
엔진의 격렬함 말고 무엇이 더 필요할까

한 번도 불을 켜 보지 못한 나의 별
책상 위에서 다시 술렁인다

크리스티나의 세계[*]

갤러리 한구석에 언제부터 앉아 있었던 걸까
핑크색 원피스를 입은 크리스티나

길 위에 회색 발자국을 뿌리고 서 있는 하늘
멀리 아우성이 들리는데 아무도 보이지 않는다

뒤축 없는 신발로 돌아보지 않고 걸은
브로드웨이 42번가
날 세운 풀들만 가득한 숲
그가 할 수 있는 건
가공된 길 전부를 쓰다듬는 일

부드러워진 가을 풀밭 위에 철이 든 사람의 얼굴이 숨겨져 있다
 뒷모습, 말 없는 모습에 미숙한 모든 계절은
 참 포근하다고 쓰여 있다

 결국, 두꺼운 소설의 에필로그를 다 끝낼 때까지
〈

철 지난 핑크색 원피스를 얻은 그는
노을을 뒤로한 채 느린 산책을 즐길 것이다

* 앤드류 와이어스 작품

우산주의보

100밀리미터 이상의 폭우가 온다고 합니다

 우산으로 얼굴을 가리고 태양의 방향을 따라 천천히 걷습니다 뒤돌아보면 아무도 없고 밝은 방에서 잠을 잔 경험만이 큰비가 내릴 거라는 소문을 견디게 합니다

 도시는 영업 중이라는 사인만이 깜박이고 있습니다 일정한 간격으로 우는 환풍기 소리에 맞춰 고여 있던 울음이 새어 나옵니다

 이불 속 고백처럼요

 우산에게 영혼이 있다면 무슨 말을 할까요 눅눅하게 접힌 마음을 어떻게 가릴까요

 뒤집힌 우산, 부러진 살 아래 한 번쯤 내가 가졌던 환한 시간들
 〈

우산을 접으면서 마음을 치켜올립니다

일기예보가 빗나갑니다

홀로 선 이에게

손에 잡힌 책 속
홀로 선 이에게가 홀로 선이에게로 보입니다

현관문이 툭 열리면서
나야,
긴 머리를 고무줄로 묶은 스무 살 선이가 찾아옵니다

선이는 비좁은 학교 앞 자취방으로 나를 끌고 갑니다
구석진 조명 아래 하얀 여섯 손가락으로
휴대용 가스레인지 위, 냄비에 물을 붓고
라면을 끓입니다
손가락 끝에 매달린 눈물방울이
실금이 간 창에 얼어붙어 단단한 벽을 만듭니다

세상에서 제일 아픈 숫자 6

여름 감기처럼 시름시름 앓던 우린 춥고 외로워

벙어리장갑 안에 숨어 들어가
첫 번째인지 여섯 번째인지 모를 손가락보다 더 미숙하게 부은 손가락을 걸고 멀어집니다

손가락을 손가락 사이로 밀어 넣고
낯선 방에서, 도시에서
철마다 빈 마디에 꽃을 피웠다는 선이는

다시는 돌아오지 않을 사람처럼
라면 상을 차려놓고
나에게서 한사코 멀어져 갑니다

선이야
어디 가니?

찻물을 붓는 동안

내 맘이 엎질러져 어딘가로 가려 했다
한밤중이었고
빈 잔에 마른 꽃잎을 넣고 찻물을 붓고 있었다

어디에서도 닮은 옆모습을 찾지 못해 구겨지고 싶었을 때 여름 이불은 마음을 덮는 일을 했다

밤에만 꽃 피우는 새로운 식물에 대한 이야기를 읽었다
얼마간의 남은 체온을 만지며 잠을 구걸한다

이불 밖은 무수히 환하고
찻잔 안에만 어둠이 헤집고 들어올 때
바래가는 꽃이라도 피우고 싶은 마음

볕 없이도 시들지 않는 꽃의 슬픔을 이제는 안다

꽃망울 터지려는 내 마음에게
〈

여기 있으렴
흔들리지 말고

유전의 힘

폭설 그리고 폭설
문 닫은 상점들
눈에 갇힌 세상은 스노우볼 속처럼 투명하다

며칠째 반복되는 뉴스, 눈과 함께 사라진 한 사람
늦게 도착한 답장처럼 돌아오길 바라며
나의 눈은 불운을 감지한 청진기처럼
이방의 눈 덮인 오르막길을 찾아 헤맨다

추운 날마다 어머니는 동네에 있는 방개라는 사람이 굶을까 봐 동그란 밥을 한 덩이 문 앞에 내어놓으시고 출근하셨다 학교 끝나고 집으로 돌아올 때면 대문 앞에 서서 하얀 눈덩이 같은 언 밥을 입에 구겨 넣는 그가 나는 무서웠다 그해 겨울은 그렇게 끝났고 그도 더 이상 보이지 않았다

또 한 번의 폭설이
세상의 기억을 새하얗게 지워버렸지만
지붕 끝마다 고드름은 책망처럼 자라고 있다

가던 걸음을 멈추고 흰 눈을 동그랗게 뭉친다
순백의 세상을 향한
나의 기도처럼 땅 위에 놓이는 눈 뭉치
어머니의 언 밥처럼 차갑고도 하얗다

겨울을 통과한 바람이 봄볕 아래 출렁이면
여전히 하얗고 시린 것이
먼저 생각난다

새빨간, 밤

들어가지 말라고
그어놓은 검은 밑줄 위를 불붙은 발등으로 급하게 걸었거든

악수하다가 꼼짝없이 휘감긴 물고기 집은 운명이었을까

예고 없이 찾아오는 것들이 내가 누구인지 알려준다고 믿었어

내 눈 속에 하늘은 없는데 어떻게 구름이 비를 뿌리지 마음이 물거품처럼 사라진 다음에도 비눗방울 집은 안전할까

줄줄이 어처구니없이 무너뜨린 집
애써 웃고 있는 아픈 이야기를 나의 밝은 어둠으로 못질하곤 했어

나쁜 아이 코스프레가 제일 슬펐어

〈
다짐했던 말을 기억하지 못하고
아픈 것을 아름답다고 말했던 새빨간
밤

타워 크레인

 옥탑방 소녀는 어두워져 가는 표정을 책가방 깊숙이 넣는다 폐업한 놀이동산 같은 동네, 망가진 것들만 즐비한 편의점, 주인아주머니가 준 유통기한 가까워진 통조림, 검은 비닐봉지처럼 가벼워진 하루를 흔들며 집으로 돌아간다

 바스러지는 전등 스위치, 가구 하나 없는 방 어딘가로 숨는 바퀴벌레 소리, 소녀는 옥탑방 밖으로 나간다 발아래에는 수많은 집에서 새어 나온 불빛이 흰 눈처럼 흩뿌려져 있고 하늘엔 타워 크레인 불빛이 크리스마스 장식처럼 눈부시다 슬리퍼 사이로 보이는 하얀 발가락, 핸드폰의 후레쉬를 켠다

 동화 같은 빛 속에는 추운 겨울밤의 놀이터, 할머니를 기다리며 홀로 지키던 시소와 아무도 찾아오지 않는 할머니의 마지막 눅눅한 밤이 보인다

 주위에는 아무도 없고 타워 크레인은 하늘에 매달아 놓은 시소가 된다 항상 한쪽으로 기울어져 있던

시소의 맞은편에 할머니가 앉아 있다 할머니의 환한 미소는 소녀의 힘없는 눈동자를 밝힌다

  시소의 삐걱이는 소리인지 소녀의 흐느낌인지 밤새 어둠은 무겁게 덜컹거린다 어떤 어둠은 잠들어 있어도 훤히 보인다

따뜻한 시

서둘러 사라지는 기차의 뒷모습

엔진 소리인지 심장 소리인지 분간할 수 없는 하루였다

내 머릿속 텅 빈 창고에
여름 냄새 덜컹거리며 운행되는 기차

기차 안에서 자라난 여름과 내가 모르던 계절이
뒹굴어 신기하고도 슬펐다

차 창가에 내려앉은 빛을 보면서 제발 그림자를 만들지 말라고 기도했다

기도하는 두 손에 칸칸이 끼어드는 어둠

목적지는 처음부터 없었고
먼저 찾아온 기다림만이 철로 위에 묶여 있었다
〈

문 닫힌 어느 간이역
주저앉아 같이 울어줄 온기가 필요했다

문장의 여백을 채우는 기차의 움직임

텅 빈 의자 밑, 무덤덤한 끝을 써 내려가는 일

멀지 않은 곳에서 다시 커가는
여름

헤드라인

　보도블록 위에 신문지 한 장
　빗물에 밝힌 윤곽으로 매 순간 기다려온 말을 조합하며 헤드라인을 수정하고 있었다

　창문 밖으로 사람들이 쏟아져 나왔다
　코트 속 각기 다른 이야기로 등 돌리며 멀어져 가는 장면, 간유리 너머로 잘못 이식된 페이지를 반복해 읽었다

　자막이 지워진 곳에는 오랫동안 비가 내렸다
　장면에서 장면으로 번져가는 검정
　나는 한 사람의 습한 옆모습을 읽어 내려가며 나에게 약속했다

　바닥에서 온전히 일어설 수 없어도 두렵지 않았다
　한 사람의 젖은 발자국을 헤드라인으로 인쇄하는 나는 부드럽게 문드러져 한 문장으로 작아졌다

　사라진 창문만이 아프지 않았다

4부

정면으로는 슬픔이 열리지 않는다

슬라이딩 도어

슬픔을 옆으로 밀고 있는 사람들

몸은 문에 끼여 움직이지 않는다

빗빛에 자란 풀들을 다 베어 밀실에 넣고 태운다

누군가 찬송가를 부르자 벽 속에 유배당한 까마귀가 인자한 얼굴로 먹이를 구한다

온통 곰팡이로 뒤덮일 거라는 소문이 손잡이를 잡고 다시 흔든다 문은 많은 것을 가리고 있다

물컹해진 신발로는 도망갈 수 없다는 걸 알고 절름거리기 시작한 바람이 끼어든다

일용할 음식을 구한 까마귀가 그을린 문과 손을 잡는다

정면으로는 슬픔이 열리지 않는다

비뚤어지는 일만 상상해요

키보드를 두드리던 간수가 떠난
익선동 골목이 내려다보이는 사무실

여름 내내 입은 블라우스를 안으로 잔뜩 밀어 넣고
비척비척 내려와 길을 반복해 걷고 있어

담벼락 위에 쓰인 언약 옆으로
어떤 증거도 싣지 못한 차들이 지나가고
연인들의 웃음소리는 잠시 은밀해진다

어느 블록을 돌아 우연을 가장한 얼굴로
어설픈 인사를 몇 마디 건네고
총총 사라지는 군중 속으로 서로를 다시 풀어주며
사랑한 적도 버린 적도 없다고 판결된 이야기

낮 동안 벌겋게 끌려다니던 태양이
해방되는 늦은 오후

나는 비뚤어지는 저녁만 상상해요

수도원

우리는 왜 빛나는 것만 사랑하는 걸까

거실 바닥에 가득 덮인 당신을 닦아내려고
기도를 시작합니다

눈꺼풀 위로 커튼을 올려놓은 나는 부재중입니다

아무도 없어요
열린 틈으로 자꾸 곁눈질하며 나를 해독하는 사람들

나의 오후를 가져가기로 마음먹은 바람이
당신을 다시 닦아냅니다

화분처럼 깨진 베란다 밑
아무 일도 없다는 듯
다음 생을 낯설게 꿈꾸는 당신
기도만으로 꽃씨가 된다는 건 불안합니다

마음 가는 것이 빛나지 않기를 바라며

눈 감지 않아도 선명한 꽃을 떠올립니다

남은 자국이 바닥을 닮아갑니다

빛나지 마요, 당신은

카모플라쥬

속살을 데우며 모래밭 위에 엎드린다
흰 알을 어디에 숨겨야 할지 고민하면서

불안은 번지고 있고
넘기기 힘든 페이지들이 고개 내민다

파도에 박자를 놓친 빈 알은
그날의 온도와 깊이에 대해 생각한다

조여 오는 그물 안, 눈에 보이지 않는 기억을
모래 언덕 너머로 지운다

더디게 가는 시간이 답답해 달리는 상상을 해도
다른 날개는 돋지 않는다

도착하는 곳마다 같은 장면이 기다리고 있고
어떤 때는 도착하기도 전에 바다는 문을 닫아버린다

닫힌 바다는 아무런 움직임이 필요하지 않다

거센 비바람에 베여
실금이 자잘한 바위로 고립되어도 슬프지 않다

비밀을 품은 알은 언제나 둥글다

퍼덕이는 얼룩무늬 파도가
발이 푸른 흰 새 한 마리를 삼킨다

동그라미 속으로 나를 밀어 넣는다

장난감 자동차와 성자

베개 없이도 꿈꾸는 한 소년이 있다

한쪽 눈을 감고
장난감 자동차의 꽁무니를 잠결에 들여다본다

안은 환하게 다 보여도
항상 진짜는 멀리 있다

어릴 적에 들은 이야기는
마음에 약속을 하나씩 올려놓듯 다 성스럽다

앞만 보고 달려 도착한 곳은
떨어져 나간 페달과
벗겨진 핸들이 쌓인 무덤가

거기서 무얼하고 있죠

 소년의 얼굴을 가진 누군가가 훔친 장난감을 만지 작거린다

〈

핸들 모르게 어디로 가야 할지 알 때가
가장 쓸모 있게 느껴진다

어리둥절해 하는 사람들은 잡화점 안을 들여다본다

베게 없이도 꿈을 파는 한 소년이 있다

네가 알고 있는 나에게

*

배달 일을 끝내고
새벽에 돌아온 너의 머리카락은 얼어 있었다
털어내려다 손가락이 베였다
큰길과 마주한 지하로 이사를 했다
안방 창문으로 잿빛 하늘을 걸친
겨울나무의 어깨가 보였다
새잎을 틔우기 힘든 나무가
너라고 생각했다

*

나이트클럽 무대에 불이 꺼지면
너는 긴 스웨터로 몸을 빠르게 감쌌다
폴대를 오르내리던 등에 꼬리표를 붙인 채
아이가 기다리는 집으로 가는 지하철을 기다렸다
물티슈로 화장을 지우며
새로운 얼굴을 갖고 싶었다

화장을 지운 티슈는 버릴 수 없었다

*

실업 급여를 다시 받았다
그 순간에도 아프지 않은 사람처럼 걸었다
좋은 곳으로 안내해준다는 신발가게 앞에 섰다
방향을 잃어버린 도시는
새 신발의 생채기 울음소리로 가득했다

내가 알고 있는 너였는지 나였는지
매일 우리 스스로를 속였다

만화경을 들여다보는 법

눈을 반쯤 감으면 슬픔이 가까이 보였다

굴러다니는 바람을 벽에 걸어놓았다
마음은 자꾸 흘러내려 아직 글이 되지 못한 고백과 섞였다

나는 빨강으로 길들여진 아이
아무것도 일기장에 옮겨놓지 못한 것을 자책하며
필사된 외딴 어둠이 새파랗게 둥둥 떠다니는 것을 지켜보고 있었다

작은 구멍 안, 거울에 반사되어 포개진 파란 얼굴들이 내 얼굴이라고 말했다

혼란스럽게 보이지만 거울은 있는 그대로만 복사해냈다

오래전에 눈먼 진실이 거짓으로 판명되었을 때
〈

만화경을 들여다보아도 아빠의 얼굴이 기억나지 않았다

투명한 생일

밝은 빛 아래에서 나를 보면 왠지 불안해
한 손엔 장미를 한 손엔 생일 초를 가지고와 달라고 부탁해

밤에 태어나서 그럴 거예요
떨어지는 물방울이 수직의 끝에서 수평의 끝으로 향하고 있어
발은 점점 차가워져
물속에서
빛처럼 느껴지는 한 그루의 나무를 바라보며
오늘은 따뜻하다고 믿고 싶어

곁을 두지 않는다는 것은 어른이 된다는 말 같아
마음을 올려놓으니 높아지는 벽

불안을 마주하고 있는 내가 보여
물속에서도 자꾸 나무는 자라고 있고
검은 고양이를 닮은 새 한 마리는
목소리를 기억하려고 울지 않지

〈

어둠 속에서도
하늘을 창으로 바꾸는 버릇이 생겼어
아침 유리창에 나 오늘도 태어났어, 라고 쓰려는 듯
손가락이 빛을 향하고 있지

생일 축하해
성냥을 다 써버린 그런 미안한 날
내가 점점 투명해지고 있어

자갈 자장가

카펫 냄새 풍기는 내 머리카락
늦은 저녁의 엔진에서 자갈들이 쏟아져 나올 것 같아

나는 뒷좌석에서 인형을 만지작거리는 아이
쉽게 사라지지 않는 어떤 날은 시간을 길들이곤 해
엄마는 느린 자장가를 반복하고 있어

내 머릿속을 돌아다니는 비 묻은 자갈이 무언가에 부딪쳤어
　에너지 바와 물을 건네는 친절은 검은색
　오래전 읽은 친절한 동화는 차 트렁크에서 부식되고 있어

누워서 보는 구름의 발바닥이 미아처럼 끌려가는 꿈을 꾸었어
　빨리 끝내고 싶은 잠은 지울 수 없는 악몽을
　아주 깊은 곳에 숨기려 했지

슬픈 그림자를 태워도 가지 않는 밤

보이지 않는 양 떼를 우물거리면 엄마의 긴 자장가는 다시 시작되지

패딩과 흰 당나귀

급식실에 가지 못한 날이 반복되었다
아이들에 둘러싸여 빼앗긴 겨울 패딩*
킬킬거리던 목소리는 사라지고 소년만이 미동도 없이 서 있었다

양철 대문에 밤눈이 내리고
불을 켜도 어두운 방
싸늘한 이불에 기댄 엄마의 등
가난하다는 것은 참 따뜻한 것인지도 몰라
마치 남의 일인 것처럼 말했다
누군가 해체된 시간을 쓰다듬는 것 같았다

창문 밖에는 금방이라도 눈이 내릴 듯 푹푹 어두워져갔고 어느새 소년은 초원 한가운데 도착해 있었다 그곳에는 별처럼 환한 얼굴을 가진 아이들이 소년에게 패딩을 입혀주며 지퍼를 머리끝까지 올려주었다 패딩 안 세상은 깜깜해도 눈은 서로를 향해 있었다

조용히 퍼지는 방울 소리
칠판에 적힌 글씨가 움직였다

눈이 푹푹 쌓이는 밤 흰 당나귀를 타고[**]

눈은 내리지 않는데 시는 어디서 덤덤히 찾아오는 걸까 소년은 큰 눈망울로 흐려지는 바깥 풍경을 내려다보았다

창문을 열자 흰 당나귀가 울고 있었다

* 한 아파트에서 일어난 중학생 추락사건, 가해자가 피해자의 패딩 점퍼를 입고 있었다

** 백석 「나타샤와 흰 당나귀」에서 가져옴

분홍 분홍 번져가는 그런 꽃

정해진 음을 읽어내지 못하는 피아노가 있습니다 건반은 고장 난 영혼처럼 삐걱거립니다

곰팡이 핀 지하 방에서 올라온 듯한 눈은 피아노 모서리에 자주 부딪힙니다 시선은 늘 마음의 방향을 따라가는 습성이 있습니다 피하려 하는 마음들과 대면하며 한 번쯤 빛처럼 열리는 문을 상상해오던 마음은 그때마다 굴절됩니다

뜨거운 사막에서의 일광욕, 비 오는 날의 허수아비

스위치를 끄고 켜듯 장면은 반복되면서 잠깐잠깐 환한 빛을 보여줍니다

연주가 언제 시작되었는지 모르지만 마음은 악보보다 앞서 있고 악보를 놓치지 않으려고 정신없이 건반 위를 달려갑니다

한 번도 소리가 되지 못한 문장이 선율을 탑니다

소년을 열고 건반을 오르내리던 손이 잠들어 있던 분홍을 깨웁니다 안에 갇혀 있던 음표가 꽃처럼 뿌려집니다

  튀어나온 것들은 모두 분홍이 묻어 있습니다
  비로소 소년은 아름다운 색깔을 선고받습니다

따뜻한 물주머니

해가 들지 않는 동안
사람들은 멀리 떨어져 있어야 했다

아직 벗지 못한 스웨터에서 빠져나온 털실이
자꾸 기침을 일으켰다

빳빳한 그물로 만든 마스크

Safe and Stay home

바다로 떠나려던 사람들은
불안을 녹이는 튜브를 꾹꾹 눌렀다

기도는 떠다니고 있었고
 평온이나 안식이란 단어를 캘린더에 빼곡히 적어놓았다

잠에 빠져든 계절
시간은 빠르게 흘러가고 기억은 따뜻한 곳에 고이

길 원했다

   우린
   축축하지도 아프다고도 말하지 않고
   나갈 순서를 기다리며
   식은 주머니를 만지고 있었다

■□ 해설

작별의 수사(修辭), 서사(敍事), 밀사(密使)
— 김소희의 『비커가 있는 오후』

양균원(시인, 대진대 영문과 교수)

시인은 왜 그만 놓아주어도 좋을 슬픔을 마지막 한 올까지 엮어내고 있을까. 잠재의 수면 아래에 도달했을 법한 슬픔을 어찌 고집스럽게 끄집어내 대면하는 것일까. 기억의 뒷자리로 밀려난 슬픔은 "유난히 차고 투명하다"(「시인의 말」). 씻기고 씹혀서 "보이지 않는"(「녹지 않는 요구르트」) 지경까지 파쇄된 슬픔이 "정면으로는 열리지 않"아서 그냥 "옆으로 밀고 있는 사람들"이 있다(「슬라이딩 도어」). 홀로 남은 자의 고통을 사유의 대상으로 삼아 존재의 근거를 찾아가는 집요한 탐문에서 김소희의 시집 곳곳에 배치된 슬픔은 애상으로 흐르는 경우가 없다. 슬픔은 고립이고 고립은 존재이며 존재는 창조를 꿈꾼다. 그런 빛나는 순간들이 시집 곳곳에 점철되어 있다.

1. "하얀 이름을 혼자 지어야 했지요"

김소희의 언어에는 기교를 정교하게 다듬는 순간에서조차 순하게 드러나는 감정이 있다. 자신의 감정을 그대로 보여주는 듯한 장면들은 시의 가장 고유한 영역이 자신과의 고독한 대화라는 것을 새삼 일깨워 준다. 감정이란 흔하고 보편적인 서정시의 제재인 듯하지만 사실은 바로 그 일반성 탓에 새롭고 긴요하게 다루기가 매우 까다롭다. 김소희의 시에서 슬픔은 화자의 내밀한 정원이면서 예술 감정의 공연장이기도 하다. 감정은 대상화되어 관찰되고 그것을 오래 곱씹어온 자에 의해 잠재성이 발현된다.

「녹지 않는 요구르트」에서 화자는 슬픔이 결정화하거나 액화하는 대로 흔들리고 있다. "보이지 않는 슬픔의 ml / 나의 목구멍에서 천천히 유영하고 있다." 밀리리터 단위의 슬픔이 목구멍 근처에서 느리게 돌아다니고 있다. "냉동고에서 잠든 양의 얼굴"

은 "순하고 달콤하다." 시간이 여기서 멈춘다면 얼마나 좋을까 바라게 되는 아름다운 순간이 있다. 그것이 "단단해지면 투명해져서 더는 감출 수 없는 것들"로 바뀐다. 슬픔은 아마도 그런 순간의 투명함이 현실에서 허용되지 않는 데서 발원하는 듯하다. 지속 불가능한 것의 환기에 직면하여 화자는 냉동고의 전원을 차단한다. "플러그를 빼자 / 전시된 눈물이 녹아내리고 붙어 있던 속눈썹이 / 해변으로 밀려간다." 일상생활의 한가운데에 냉동고가 있다. 오가다 여닫는 그곳에 슬픔의 근원이 자리하고 있다. 플러그를 빼면 그 투명한 결정체가 녹아 사라질 것이다. 그와 함께 바닥에는 "물고기의 뭉개진 비늘들"이 쏟아질 것이고 냉동고에는 "쓰디쓴 맛"이 흘러넘칠 것이다. 슬픔은 냉동고의 안팎을 드나들면서 보이지 않다가 투명하게 결정화되었다가 다시 녹아내리고 있다. "열 개의 레시피를 생각해내자 더 줄줄이 흘러내린다." 그 레시피는 필시 누군가와 함께했던 따뜻한 시간을 소환하면서 그 부재와 거짓을 확인해줌으로써 화자를 괴롭힐 것이다. 그렇지만 화자는 "녹는 슬픔"을 두려워하면서도 고립의 여건을 강화하기 위해 플러그를 뽑는다.

슬픔은 현상이고 현상의 심연에는 고립이 있다. 고립은 존재의 상황으로서 주어지는 것이지만 선택되어 추구되기도 한다. 슬픔은 잊혀야 할 것이 아니라 찾고 곱씹어서 그 진의를 설정해야 할 것이 된다. 슬픔은 단절의 결과이지만 그 단절을 확인하는 결의에서 메타모포시스의 욕망과 결연되고 있다.

    어둠이 웅크린 나를 까맣게 칠하고 있었어요

    한 사람을 묶어두려 했던 것을 후회하며
    버려진 기분이 들 때마다
    브루클린 골목으로 낮게 뒷걸음질 쳤지요

    눈망울 가득 발톱을 매단 그 세상에는
    온통 스스로 걸어 들어간 목줄로 가득했어요

    몸을 삼키는 어둠의 길이만큼
    허드슨강 주위로 굴레를 가진 이름들이 똬리를 틀었어요

    나의 하루는 얼마나 많은 눈물의 대가일까요

〈
신 포도가 자라도록
고름을 내버려 두지 못한 검은 비닐봉지
자동차의 발랄한 비명은 차라리 아름다운 칼날이
었어요

한낮에는 새 신발에 종종거린 부은 발등 위로
하얀 이름을 혼자 지어야 했지요

내 이름이 차가운 목덜미에서 팔랑거려요
절룩거리는 날들 사이로 이국의 햇빛이 쏟아져요
—「파양 고양이」 전문

 입양은 내 것이 아닌 것을 내 것으로 삼는 것이고 파양은 내 것을 더 이상 내 것이 아니라고 선언하는 것이다. 입양과 파양이 법으로 제도화되는 이유는 그것이 우리의 삶을 더 낫게 하는 데 기여한다고 사람들이 믿기 때문일 것이다. 여기서 입양에 반(反)하여 파양이 함께 존재하는 이유는 관계를 새롭게 맺어주는 것 못지않게 그것을 다시 끊어놓는 것 또한 삶에 필수적이기 때문일 것이다. 화자가 "뒷걸음질" 치는 브루클린 골목에는 주인에게 버림받은 고양이들이 배회하고 있다. 파양 고양이들의 목둘레에는 "굴레를 가진 이름들이 똬리를 틀"고 있다. 한때 사랑의 증표로서 이름을 새겨 넣었을 인식표를 목에 걸고 쪼그리고 있다. "내 이름이 차가운 목덜미에서 팔랑거려요." 이렇게 파양 고양이의 처지를 자신의 것으로 확인하는 자기 비판적 태도에서 화자는 버림받은 아픔을 드러내고 있지만은 않다. 비판은 다음 행동을 위한 초석을 이룬다. 화자가 "후회"하는 것은 헤어짐이 아니라 "한 사람을 묶어 두려 했던 것"이다. 훨씬 전에 그 사람을 놓아주고 자신 또한 풀려나야 했다고 판단한다. "세상에는 / 온통 스스로 걸어 들어간 목줄로" 가득하다는 비판적 인식에는 목줄을 스스로 끊고자 하는 결의가 드러나 있다. 누군가 나의 목에 걸어준 목줄에는 이름표가 달려 있기 마련이다. 파양 고양이에게는 목줄이 평생을 따라다니게 될 것이다. "굴레를 가진 이름들"의 세상에서 그 일원으로 살던 화자가 자립의 의지를 다지고 있다. 그간의 계약을 끝내고 파양의 주체가 되어 메타모포시스를 꿈꾸고 있다. 한낮의 거리에 서서 "새 신발에 종종거린 부은 발등"을 하고 "하얀 이름을 혼자 지어야" 하리라.

  고립과 슬픔은 한 사건의 결과이면서 다른 사건의 원인이기도 하다. 파양 고양이의 심연에서 올라오는 메타모포시스의 욕구는 시집 곳곳에서 불행과 고통에 맞서 모종의 균형을 이루는 힘을 발휘한다. 화자가 홀로 남겨진 상황을 샅샅이 훑고 지나가는 것은 고통스러운 만큼 변신의 전망 또한 뚜렷해지기 때문일 것이다. 특유의 균형 감각에서 이별은 고통에 그치지 않고 성장의 진통으로 다듬어진다. 시 「한 사람이 있는 언덕」에서 화자가 헤어진 뒤에도 "아무것도 되지 못한 돌, 까맣게 누워 있다"고 되뇌는 데는 완벽한 헤어짐에서 성장의 단서를 찾으려는 절박한 심정이 배어 있다. 그러기 위해서는 떠나간 자 또한 아름답게 품을 수 있어야 하는 것일까?

    가뭄이 고독이었다는 걸 알게 되자 꽃들은 다시는 피지 않을 얼굴로 시들어간다 마른 우물 속에 돌을 넣고 물은 준다 너의 궤도를 떠나지 못하는 침례 받은 돌, 체온은 우물처럼 차갑다

    우리가 우물을 다 퍼 쓰고도 살리고자 애쓴 그런

칠흑 같은 언덕, 진흙으로 걸어 나오는 너를 별처럼
끌어안고 위태롭게 깊어진다
　　　　　─「한 사람이 있는 언덕」 부분

　함께해온 언덕에 우물이 있다. 우물이 말랐고 화자는 그 속에 "돌"과 "물"을 넣어주지만 되살리지 못한다. 그 원인은 아마도 "너의 궤도를 떠나지 못하는 침례 받은 돌" 탓인 듯하다. 자신의 궤도를 찾아가기 위해 "한 사람이 있는 언덕"을 떠나야 한다. "구름은 구름의 얼굴을 갖기 전까지 아무것도 다정해지지 않는다"(「정글 트리」)는 것을 화자는 익히 알고 있다. 화자가 "제대로 걷는 법을 배우고" 싶어 하고 자신의 길에서 "가장 먼 곳까지 걸어왔다고 말하기 위해" 분투하는 한(「기도 아닌 것이 기도할 때」) 칠흑 같은 어둠은 계속될 것이다. 하지만 이러한 이별이란 "애쓴" 진흙투성이 "너를 별처럼 끌어안고 위태롭게" 깊어지는 것이기도 하다. 헤어지면서 가까워지는 방식에서 이별은 단절이면서 이해하고 나아가는 것일 수 있다. 그러다가 우리는 "서로를 다시 풀어주며 / 사랑한 적도 버린 적도 없다고 판결된 이야기"(「비뚤어지는 일만 상상해요」)를 뒤에 남기게 될 것이다.

2. "흔들림에 관한 이야기입니다"

　김소희의 시집 전체는 "흔들림"을 축으로 회전하고 있다. 세상은 현재 이곳에 안착하지 못하는 것들로 가득하다. 무엇보다 시인 자신이 그러하다. 시간과 공간 속에 끊임없이 유영하고 있는 자의 자의식에서 현실은 "이방의 눈 덮인 오르막길"(「유전의 힘」)이거나 "흰색이 자꾸 빠져나가는 / 흔들리는 거짓말 언덕"(「흰 코끼리 같은 언덕」)이거나 "처음 보는 곳"(「흔들림에 관하여」)이 될 수 있다. 시집 곳곳에 낯선 이방의 이름들이 서슴없이 배치되는 것은 시인이 국내와 미국을 오가면서 오랫동안 디아스포라의 삶을 영위해온 데서 연유할 것이다. 그런데 시인은 낯설다는 것을 이주민의 애환으로서보다 지금 이곳에서 전진하기 위한 실존적 조건으로서 다루는 경우가 많다. 더 나은 곳을 지향하는 자에게 "흔들림"은 결과가 아니라 원인일 수 있다. 시집에서 디아스포라의 양상들이 뭔가를 일으키는 힘으로 작용하는 "흔들림"과 자주 연계되는 것은 자신의 입지를 창조의 공간으로 재정립하려는 시인의 노력이 그만큼 의식적이기 때문일 것이다. "흔들림"의 역학은 김소희 시인에게 특징적인 사유의 틀을 보여준다.

처음 보는 곳으로 갑니다

평평함을 좋아하는 당신은
딱딱해진 내 눈빛을 빤히 쳐다봅니다

여긴 걷기도 힘든데
속까지 파 내려가면 끝을 알 수 있을까

흔들림에 관한 이야기입니다

돌에 맞아 죽은 사람이 노래하고 있어
붕괴를 피하기 위해선 문을 잠가야 해

전기 없이도 몸에 숨겨둔 발전기로
긴 오후와 작은 골방은
허물어진 뒤에 밝게 진화한다고 말합니다

지진을 모르는 우린
이머전시 키트 속의 후레쉬와 모종삽 하나로

서로의 마음을 알려고 자꾸 뒤집힙니다

뒤틀려 가면서도 포개지는 동그라미 속 교집합

아침이 오면
균열을 식탁 위에 올려놓고
눈부신 평온을 꺼내 보여줄 거야
흔들림이 휩쓸고 간 뒤에도
동그라미 안의 나무는 자라고 있는 거야

우리는 완전한 구球 안에 있었습니다
처음부터 다른 모형은 동그랗게 말았습니다
　　　　　　　　　　—「흔들림에 관하여」 전문

　화자가 가고자 하는 곳은 평평하지 않고 "걷기도 힘든" 곳이다. "돌에 맞아 죽은 사람이 노래하고" 있고 "붕괴를 피하기 위해선 문을 잠가야" 하는 곳이다. 화자는 지진이 일어나 온갖 것이 흔들리는 곳으로 가려하고 "당신"은 그런 이해할 수 없는 당신을 책망의 눈으로 바라본다. 안전하고 범상한 일상을 벗어나려는 이탈의 욕구는 "속까지 파 내려가면 끝을 알 수 있을까"라는 위험한 질문과 맺어져 있다. 이러한 파괴의 전망에도 불구하고 화자는 시종일관 흔들림을 변호하는 자세를 굳세게 취한다. 허물어진 폐허에서 "숨겨둔 발전기"로 다시 불을 밝히려는 꿈을 드러낸다. 두 가치가 상충하는 가운데 "뒤틀려 가면서도 포개지는 동그라미 속 교집합"이 이뤄진다. 동그라미는 한순간도 편편해질 수 없는 운명 속에 있다. 동그라미에서 우리는 굴러가는 대로 이동하고 있다. 넘어지는 곳이 서 있는 곳이고 서 있는 곳이 넘어지는 곳이다. 머리끝과 발밑이 다르지 않은 매 순간의 이동 속에 살고 있다. 모든 순간이 출발이고 도착이면서 항상 낯선 곳이다. 화자는 이러한 "완전한 구" 속에 "우리"를 위치시키고 불편을 자초하는 장본인임을 자처한다. 동그라미가 아닌 "다른 모형"은 애초에 "동그랗게" 말아버리려는 본능적 욕구 속에 있다.

  흔들림이 옹호될 수 있는 곳은 동그라미 속이다. 동그라미는 균형의 장치여서 밤새 빚어진 "균열"을 "눈부신 평온"으로 승화시켜 주는 듯하다. 언제든지 이곳이 저곳이고 저곳이 이곳일 수 있는 구조에서 나는 너이고 너는 나일 수밖에 없는 전치가 일어나는 듯하다. 나는 너였다가 다시 내가 된다. "흔들림이 휩쓸고 간 뒤에도 / 동그라미 안의 나무는 자라고 있는 거야." 무너진 세상에 처함으로써 자신의 길을 열어 가려 하는 화자에게 동그라미는 폐허, 고립, 슬픔에 맞서서 "숨겨둔 발전기"를 작동시킨다.

동그라미 역학은 다른 시들에서도 어렵지 않게 발견된다. 폐허에서 나무를 키우고 고통에서 성장의 희열을 감지하며 부재에서 존재를 확인하는 역설적 감수성이 여기저기서 목격된다. "초원의 빛"이 사라진 상황에서도 화자는 워즈워스(William Wordsworth)처럼 남겨진 것에서 가르침을 얻는 자이고 "소멸되었다 말하는 순간 / 그가 없는 여름 숲이 반짝였다"는 것을 분간해내는 자이다(「여름 숲, 유리병자리」). 동그라미 속에 사는 화자는 떠난 자가 일으키는 고통에도 불구하고 그의 부재가 여름 숲을 다시 살아나게 하리라는 전망 속에 있는 것이다.

김소희의 시에서 고립은 감상에 치우치지 않고 복잡한 사유에 의해 탄탄해지는 특성을 띤다. 그 방식에는 시인의 내면에 자생하게 된 환유적 상상과 균형의 미학이 함께 작용하고 있다. 시인이 한 줄씩 씨줄을 놓으면 그 사이 행간으로 숱한 날줄이 틈입한다.

행간의 여백에는 동그라미 역학이 소용돌이치고 있다.

　　잠을 자는 일부터 시작한다

　　덤불 속에 염소가 살지 않는 걸 안다

　　잡히지 않는 물컹거리는 것들은 따뜻한 입김을 찾아 나선다

　　내가 있는 어디든 직진한다던 울음소리

　　얼마간의 행복이 필요했어

　　눈이 어두운 나는 매번 넘어지면서 잠에 빠져든다

　　밤마다 그 울음이 잠 속의 나를 흠집 낸다

　　차가운 우유 속, 유서 깊은 구멍에서 속울음이 들린다

　　덤불 속으로 가게 해주세요
　　〈

시간을 거슬러 부드러운 냅킨이 나에게 닿아도

짜디짠 틈새가 자꾸 터져나간다
―「페타치즈 리뷰」 전문

    시인이 마음을 주는 것에는 시간과 공간이 응축되기 마련이다. 그래서인지 시인의 마음이 닿는 사물은 외양이 허물어지고 종종 기억에 빠지게 된다. 시인의 눈에 담기는 것은 보이지 않는 것으로 이어지고 손에 잡히는 것은 잡을 수 없는 것으로 바뀌고 코에 다가오는 향기는 지평선만큼이나 먼 풍경의 냄새가 난다.
    아마도 아침 식탁 위의 페타치즈는 멋대로 세워졌다가 허물어지고 다시 세워지는 마음의 향연쯤을 화자에게 불러일으키고 있는 듯하다. 화자는 뭔가에 지쳐 자꾸 잠 속으로 도피하는 생활을 하고 있다. 그 잠 속까지 따라와 괴롭히는 "울음소리"가 있다. 그렇지만 화자는 이별을 기정사실로 확인하면서 그 혼돈의 시간을 페타치즈에 환유하고 있다. 기울임체로 표현된 두 문장은 화자의 욕망을 직접적으로 드러낸다. *"얼마간의 행복이 필요했어."* 화자가 요구하는 것은 단지 "얼마간의 행복"이다. *"덤불 속으로 가게 해주세요."* 하지만 한때 행복이 가능했던 "덤불"의 공간에는 "염소"가 더 이상 살고 있지 않다. 어쩌면 그 염소의 우유로 빚어졌을 페타치즈가 식탁에 올라왔다. 사람은 오가지만 일상은 계속된다. 식사를 함께했던 주인공이 떠났더라도 남은 자는 아침 식탁에 다시 앉는다. "시간을 거슬러 부드러운 냅킨이 나에게 닿아도" 남은 자는 고립의 현실을 직시해야 한다.

누군가 떠나서 발생하는 부재보다 그 누군가를 어떻게든 떠나보내야 하는 긴박성이 더욱 처연할 수 있다. "내가 있는 어디든 직진한다던 울음소리"는 화자에게 진실하게 다가오지 않는다. 그나마 작은 행복이라도 찾으려면 작별이 필수적이라는 판단이 서 있다. 아침 식탁에서 자꾸 찢겨나가는 페타치즈가 "짜디짠 틈새"를 벌이고 있다. 고립은 강요된 것일 때 실존의 여건을 형성하면서 고통을 유발한다. 그런데 고립은 의지적으로 선택되어 고통을 수용하고 강화하려는 태도와 맺어질 수도 있다. "짜디짠 틈새"는 고립의 고통을 직시하고 맞서려는 화자의 이별에 대한 촌철 수사(修辭)이다.

3. "비가 되지 못한 구름으로 가득했다"

　김소희의 시에는 여름이 유난히 자주 등장한다. "몇 번째 여름이 지나야 새장 속 하늘은 파랗게 열릴까"(「트루먼 쇼」). "이번 여름이 끝나 가려고 하나 봐 / 웃으며 다음 악장을 생각할 거야"(「한여름의 피아니스트」). 이렇게 여름은 다음에 올 무엇인가에 대한 기대와 기다림을 응축하는 계절로 등장하는 경우가 많다. 그래서 "멀지 않은 곳에서 다시 커가는 / 여름"(「따뜻한 시」)에서 설렘을 겪고 아직 이뤄지지 않는 것에 대한 갈증에서 "여름 이불은 마음을 덮는 일을 했다"(「찻물을 붓는 동안」)고 위안하기도 한다. 시인에게 "온 힘을 다해 완성하고픈 여름날"(「오늘의 사과나무」)이란 과연 무엇일까? 가을이나 겨울이 고통에 더 잘 어울릴 것 같고 엘리엇(T. S. Eliot) 식으로 하자면 봄이 가장 잔인할 수 있는데 왜 시인은 이별과 슬픔을 이야기하면서 여름에 기울고 있을까. 그녀의 시에서 많은 화자들은 메타모포시스를 감행해야 할 절박한 위기 속에 여름을 앓고 있다. 그들에게 여름은 변신의 욕망이 가장 왕성하게 준동하는 계절이다.

타들어 갔지만, 소리 내어본 적 없는 하루로 가득했다
누군가 계속 연필로 그리라고 지시하는 것 같았다

시멘트 속에서 한 번도 걸어 나와본 적 없는 신발자국
불쑥 나타나 어지럽히는 것들을 피해 도망쳐온 것 같았다

터트려본 적 없는 폭죽을 서랍에 넣는 마지막 장면에서
오래전에 죽은 시간과 숲을 함께 그리기 힘들었다

나뭇잎이 떨어져도 새순이 나오듯
비에 젖은 몸을 옷에서 분리해도
몸은 젖어 있고, 잎은 자꾸 돋아나와
마음을 들키곤 했다

새로 자란 나무는 심지를 잘라내야 다른 숲으로 스케치되었다
〈

누군가의 제자리걸음 소리를 나무 귀로 듣는 숲이
있었다

―「새로 자란 숲」 전문

"타들어 갔지만, 소리 내어본 적 없는 하루"는 불발탄의 시간이다. "터트려 본 적 없는 폭죽"은 다시 서랍 속에 갇힌다. 끓는 열정과 희구해온 어떤 것이 실제로 구현되지 못하고 있다. "오래전에 죽은 시간"이 화자를 억압하여 숲의 번성마저 그대로 받아들이지 못하게 방해한다. "시멘트 속에서 한 번도 걸어 나와본 적 없는 신발 자국"은 생명의 약동을 제거당한 자의 죽은 것이나 다름없는 의식 상태를 냉소적으로 반영한다. 그런 자신을 감추려고 해도 "잎은 자꾸 돋아나와 / 마음을 들키곤 했다."

변신의 욕망이 들끓는 계절은 역시 여름이다. 여름은 무질서에 가깝게 무한 성장이 촉구된다. "오래전에 죽은 시간과 숲을 함께 그리기" 힘든 이유가 여기에 있다. 숲은 나날이 변신에 성공하고 있다. 눈앞의 숲은 어제의 숲이 아니다. "새로 자란 나무는 심지를 잘라내야 다른 숲으로 스케치되었다." "다른 숲" 혹은 "새로 자란 숲"에서 화자는 과거를 철저히 잘라내야 변신할 수 있다는 깨달음의 열병을 앓고 있다. 숲이 나무 귀로 듣고 있는 "누군가의 제자리 걸음 소리"는 화자의 것일 것이다. 여름 숲은 화자에게 변신의 욕망을 일깨우면서 행동을 취하지 못하고 있는 그를 책망하고 있다. 이 긴박한 욕망에 "비가 되지 못한 구름"이 "가득" 응집하여 머지않아 굉음과 함께 폭우를 쏟아내고 그 이후로 "여름 숲이 반짝였다" 말하게 되리라(「여름 숲, 유리병자리」).

4. "더 올 거라던 눈은 내리지 않습니다"

고립은 존재이고 존재는 창조를 꿈꾼다. 고통은 고립의 심화에서 투명해진다. 삶의 요체는 가장 근본적인 것을 남겨두고 허물을 벗는다. 허상들이 쌓여가는 폐허에 햇살이 비친다. 나를 끌어당기는 미지의 것을 향하여 세상의 모든 것은 재구성된다. 여름은 뜨겁게 새 숲을 가꾸고 겨울은 세상을 공백으로 덮는다. 나는 떠나보낼 것을 마저 떠나보내야 한다. 철저한 작별을 준비하라. 가장 필수적인 것에게 순종하라.

폭설 다음에 오는 공백

숨쉬기 힘든 사람들이 생겨납니다

투명함을 끝없이 모아놓은 것처럼

진열대 위에는 비커들만 가득합니다

식기세척기 안에 흔히 보이는 유리컵이라고

계산서에 적혀 있습니다

아무도 찾아오지 않는 일요일

비커 안에 적막을 넣고 흔들어봅니다

고개 숙여도 흘러내리지 않던

눈물의 결정이 용해되기를 기다리며

가파른 오후는 눈금 따라 기울어집니다

처음부터 투명한 것을 싫어한 사람은

남아 있는 커튼을

비커 안에 구겨 넣습니다

창 너머에는 깨질 듯이 맑은 하늘이 있고

흰 구름을 두른 어떤 사람과

자꾸 흐려지는 마음의 순도에 대해 말합니다

나는 햇볕 잘 드는 창가에 앉아

비커 속 따뜻한 겨울을 들여다봅니다
잔가지의 껍질을 뚫고 들어와
마음의 진열장에 섬세하게 내려앉는 빛과
오랜 균열에서 시리게 반사되는 기억들

더 올 거라던 눈은 내리지 않습니다
—「비커가 있는 오후」 전문

 작별의 수사는 어디쯤에서 완성되는 것일까? "자꾸 흐려지는 마음의 순도"가 투명에 달하는 길이 과연 존재하기는 하는 것일까? 마음의 짐을 순간에 내려놓을 수는 없겠지만 씻고 닦아도 여전히 얼룩져 어른거리는 것이 있다면 생의 한복판에서 그걸 어찌 다루어야 좋을까? 그렇게 상심에 지쳐가던 "아무도 찾아오지 않는 일요일"이다. 폭설이 내려 사방이 하얗게 지워지고 그 위에 햇살이 부서져 천지에 빛나는 "공백"이 가득하다. 그 자리에 있던 것들이 깨끗이 가려진 풍경에서 사라지지 못한 것들이 도드라지고 있다. 은폐되었던 것들이 샅샅이 투명하게 비쳐서 "숨쉬기 힘든 사람들"이 발생한다.
 "마음의 진열대"에 비커가 여럿 놓여 있다. "투명

함을 끝없이 모아 놓은 것처럼" 즐비하다. 비커는 그 안에 담긴 것을 거짓 없이 보여준다. 그 유리컵에 새겨진 눈금은 철저히 투시되는 것을 정확히 계측할 수 있게 해준다. 화자가 순백의 풍경에 에워싸여 휩싸이게 되는 압도적인 감정은 아무 보호막 없이 자신의 내면이 투시되는 두려움인 듯하다. 그 투시를 주도하는 사람이 정작 자신이라는 사실은 그것이 괴로운 것이면서 또한 필요한 것이라는 것을 알려 준다. 비커는 자신을 여실하게 들여다보는 장치가 된다. 그 안에 "적막"을 넣고 흔들어보고 "가파른 오후"가 눈금을 따라 기우는 것을 측량한다. 그간 맺혀도 흐르지 않던 눈물이 이제 "용해되기를" 기다린다.

그렇지만 화자의 내면 어두운 곳에는 "처음부터 투명한 것을 싫어한 사람"이 웅크리고 있기도 하다. 화자가 겨울 햇살과 비커의 은유적 힘에 의존해 자신의 가려진 부분을 직시하고 그 함의를 눈물로써 녹이고 있는 중에도 "남아 있는 커튼"을 비커 안에 구겨 넣는 또 하나의 자아가 작동하고 있다. "깨질 듯이 맑은 하늘"은 여전히 위험하다. 그 투명에서 "흰 구름을 두른 어떤 사람"이 더욱 뚜렷하게 드러난다.

다행스럽게도 화자는 작별의 수사를 거의 완성하고 있는 듯하다. 비우는 것은 채우기 위한 것일 수 있지만 화자는 무엇보다 비우는 일에 열중해 왔다. 비움의 완성이란 없을 것이다. 그렇지만 그 마지막에 가까운 단계에서 비움의 대상이 "비커 속 따뜻한 겨울"로 거듭나고 있다. "마음의 진열장"에 나란히 늘어선 비커들 안에서 "오랜 균열에서 시리게 반사되는 기억들"이 속속들이 투시되면서 "섬세하게 내려앉는 빛"으로 화하고 있다. 마지막 한 행으로 처리된 "더 올 거라던 눈은 내리지 않습니다"에서 화자는 동그라미 역학의 오랜 견습을 마치고 마침내 담담하면서 강인한 목소리를 얻고 있다.

5. 작별의 수사, 서사, 밀사

　홀로 남겨진 자리에는 자괴감이 고이기가 십상이다. 그렇지만 작별의 수사를 거쳐 그 고통이 겨울 햇살로 투명해지는 자리에는 창조의 샘물이 솟는다. 수사(修辭)는 어떤 대상을 묘사함에 있어서 말이나 글을 다듬고 꾸며서 보다 아름답고 정연하게 하는 기술을 뜻한다. 작별에 대하여 그 애상을 표출하기보다 그 행위 자체를 사유의 대상으로 삼아 수사를 꾀하는 것은 심미적 거리와 지적 반추의 능력을 요구한다. 수사에 의한 작별의 언어화에서 고립은 존재이고 존재는 창조인 순간이 열린다.

책상 위를 떠돌던 내 숨소리가
때때로 별 한가운데서 반짝거린다

늘 모자를 눌러쓴 탓인지
지원서에 붙은 사진은 젖은 낙엽처럼 그늘져 있다

몇 명이나 자신의 그림자를 뽑아 사다리를 만들고
별을 하늘에 내걸었는지 모르지만 지금은 발끝에
귤 봉지만 늘어져 있다

그녀가 내 별을 떠났다
아물지 않은 상처처럼 열린 창, 별빛이 울고 있다
별을 지우려 불을 켠다
카운트다운이 시작된 도시
대기 중인 나의 별은 자꾸 발사가 지연된다

〈
그럴 때마다 삐걱 이는 서랍을 열어
완강한 아픔들을 하나씩 내다 버린다
내가 탑승하지 못한 채 발사되는 창가에
그녀가 앉아 있다

아침 해가 잠깐 지나간 방 안은
발사가 취소된 우주선의 대합실처럼 무겁다
나는 다시 수신기를 켜고
별자리 지도를 챙긴다

현실의 중력을 벗어나려면
엔진의 격렬함 말고 무엇이 더 필요할까

한 번도 불을 켜 보지 못한 나의 별
책상 위에서 다시 술렁인다
─「책상자리」 전문

   글 쓰는 이가 앉아 있을 법한 책상자리가 있다. 그 자리에는 몇 년째 취직을 준비하고 있는 젊은이가 앉아 있을 수도 있다. 세상에 이름을 내걸지 못한 자들이 책상 위에서 보내는 시간에는 꿈과 좌절이 뒤엉키고 있을 듯하다. "책상 위를 떠돌던 내 숨소리"는 때때로 하늘의 별이 되어 반짝이지만 "지금은 발끝에 / 귤 봉지만 늘어져 있다." 책상 앞의 화자 또한 다른 시들의 화자처럼 고립에 처해 있다. "그녀가 내 별을 떠났"고 내 별은 아직 발사되지 못했다. "카운트다운이 시작된 도시"는 지상의 별이 하늘로 출발하는 순간을 뜻할 수 있다. 다른 이들은 여기저기서 솟구치고 있는데 자신은 아직 그 힘을 모으지 못하고 있다. 그런가 하면 그것은 하늘로 솟아오르지 못한 지상의 꿈들이 하늘의 별을 끌려고 지상의 불을 켜는 것일 수도 있다. 먼저 떠난 별이 하늘에서 울고 있고 화자는 그 별을 지우려고 불을 켠다. 그와 마찬가지 처지의 군상들이 여기저기서 불을 켜면서 밤을 맞이하고 있다.

  화자의 꿈은 발사가 계속 지연되어 왔다. 발사의 성공은 중력을 뚫고 나갈 수 있는지가 관건이다. 이를 위해 "서랍" 속에 깊이 숨어든 "완강한 아픔들"을 꺼내버린다. 과거의 고통에게 안녕을 고하지 않는 한 하늘로 솟구칠 수 없다. 뒤에 홀로 남겨진 처지에서 화자는 "다시 수신기를 켜고 별자리 지도를 챙긴다." 다행하게도 화자는 용기를 내어 고립의 현실과 맞서고 있다. "현실의 중력"을 극복하는 데 "엔진의 격렬함" 외에 무엇이 필요할지 살피고 있다. "한 번도 불을 켜 보지 못한 나의 별 / 책상 위에서 다시 술렁인다." 작별의 수사를 거쳐 고립의 현실을 딛고 꿈을 준비하고 있다.

그간 얼마나 숱한 꿈들이 앞서 솟구치는 것을 지켜보았을까? "현실의 중력"에 끌려 얼마나 자주 뒤에 남겨졌을까? "한 번도 불을 켜 보지 못한 나의 별"은 화자가 얼마나 현실에 충실해 왔는지 그리고 그 배후에서 얼마나 자주 자신의 꿈을 유보해 왔는지를 단적으로 증언한다. 그랬던 그가 작별의 서사를 마무리하면서 새로운 도정에 이미 들어서 있는 듯 술렁이고 있다. 그가 앉아 있는 "책상자리"는 하늘에서 언젠가 별자리가 될 듯하다. 십여 년의 각고 끝에 늦깎이 시인이 첫 시집을 산고하는 꿈과 고뇌의 책상 자리는 그 자체로 별자리가 아니겠는가?

김소희 시인은 작별의 밀사이다. 무언가에게 안녕을 고하는 일이 얼마나 지난한지 어찌 삶에 밀착되어 있는지 또한 어떻게 창조의 근원이 될 수 있는지를 은밀하게 알려준다. 그의 균형 감각은 헤어짐의

과정에 파생하게 되는 고통과 혼란뿐만 아니라 그 의미와 가치도 바닥의 깊이까지 파고든다. 동그라미 역학에 의존하는 포용과 균형의 감수성에서 작별의 수사는 이별의 감상을 다루는 여타 시들과 엄연히 구분된다. 작별은 상충하는 여러 감정들이 병존하는 복잡한 경험이다. 냉정한 판단, 피할 수 없는 후회, 따뜻한 포용이 소용돌이치는 낯선 영토에서 김소희 시인은 자신의 작별에 고유한 수사와 서사를 구축하는 데 성공하고 있다. 그의 시가 인도하는 작별의 영토에 발을 내딛는 순간 우리는 모종의 끝과 시작 사이에 위치하게 된다. 이 영토는 끝과 시작 사이이면서 사실은 끝이기도 하고 시작이기도 해서 상당히 넓게 걸쳐 있다. 건너뛸 수 없는 그 넓이에서 우리는 작별의 이쪽과 저쪽을 반추하면서 먼 길을 그와 함께 걷는다. 그러다 보면 우리 안에서도 묵은 아픔이 점차 투명해져 마침내 겨울빛처럼 조용히 내려앉는 것을 목격하게 될 것 같다. 김소희 시인은 숱한 여름 숲과 한겨울 폭설을 뚫고 우리에게 찾아와 새 출발을 함께 도모하는 작별의 밀사이다.